LE CHAT BEAUTÉ

Pour Lucie, Julien et… notre chat Filou !
F.H.

À Louise, Jeanne et… Julie.
J.P.

25 avenue Pierre de Coubertin, 75013 Paris
Loi n°49-956 du 16 juillet 1949 sur les publications destinées à la jeunesse,
modifiée par la loi n°2011-525 du 17 mai 2011.
ISBN 978-2-09-254305-4

LE CHAT BEAUTÉ

Florence Hinckel
Illustrations de Joëlle Passeron

Nathan

1

LE CHAT MALO

J'adore mon coussin, il est aussi doux et moelleux qu'un nuage. Sidonie, ma petite maîtresse de huit ans, l'a placé dans un panier qui trône sur le rebord de la fenêtre du salon. C'est là que je m'étire entre deux siestes, en jetant des coups d'œil distraits sur le jardin derrière la vitre. Le soleil d'hiver me caresse délicieusement.

Ce matin, Jérôme, mon maître, erre dans la maison. Il a obtenu un congé d'une semaine pour enfant malade. Sidonie a la grippe et reste clouée au fond de son lit dans sa chambre sous les toits. Sa maman Hélène n'a pas osé demander un congé à son patron pour veiller sur sa fille. Depuis que j'ai dévoré un oiseau de toutes les couleurs au zoo où elle travaille, elle préfère se faire toute petite. Ce n'était pourtant qu'un minuscule oiseau de rien du tout ! Quoi qu'il en soit, c'est Jérôme qui est là pour garder Sidonie, et il n'y a pas plus bruyant qu'un Jérôme à la maison ! Il bricole, s'agite dans la cuisine, écoute de la musique, passe l'aspirateur… Pff, quelle plaie ! Je ne peux plus faire mes siestes tranquillement ! Là par exemple, il s'est lancé dans une grande séance d'époussetage, tout en sifflotant. Chaque meuble y passe, même la télé. Puis il lève la tête et bondit vers le garage. Il réapparaît avec un escabeau entre les mains. Il le cogne partout contre les murs et les portes, causant un grand fracas. En haut de l'échelle, il chantonne en nettoyant les ampoules et les poutres. Ça lui prend un bon moment. Puis il va ranger l'escabeau et se plante au milieu du séjour, chiffon en main et mains sur les hanches.

– Voilà, tout est propre dans la maison…

Il fait un tour sur lui-même, lentement, et s'arrête en me voyant.

– Dis donc, mon Pitre, ça fait combien de temps que tu n'as pas pris un bain ?

Gloups ! Vite, je saute de mon coussin et me faufile sous le canapé. Les pieds de Jérôme s'approchent de moi très dangereusement. Mais ils s'immobilisent soudain et j'entends mon maître murmurer :

– Tiens, je n'avais pas remarqué qu'il faisait aussi beau dehors…

Jérôme bifurque et s'avance vers la fenêtre. J'ose sortir le museau de ma cachette pour observer mon maître. Il se poste devant la vitre, et reste là plusieurs secondes, mains nouées dans le dos, à profiter des rayons du soleil. Puis il marmonne :

– Cette haie mérite d'être coupée…

Quelle bonne idée ! C'est même urgent, je dirais !

– C'est certainement plus urgent que de laver Pitre.

Qu'est-ce que je disais ?

Jérôme finit par s'éloigner, tout ragaillardi. Ouf ! Je regagne mon coussin adoré et m'assoupis avec délice.

Un peu plus tard, un vacarme épouvantable me tire brutalement de mon sommeil. Mon poil se hérisse, et je tremble de la tête aux pattes. Est-ce la fin du monde ? Non, c'est le rugissement du taille-haie électrique. Nom d'une croquette, Jérôme a vraiment mis son idée en pratique ! J'essaie d'enfoncer ma tête dans les profondeurs du coussin, afin d'atténuer le bruit et de poursuivre ma sieste. Mais c'est peine perdue. Je finis par ouvrir un œil en miaulant de dépit. Je vois alors Malo, le chat de la voisine, se pavaner sur la palissade qui sépare les deux jardins. Il ne peut pas s'empêcher de faire le beau devant les humains, celui-là. Moi, je me nourris de sardines, lui de caresses et de compliments. Je le déteste, parce que personne ne fait plus attention à moi dès qu'il est dans les parages. En plus, il ne perd jamais une occasion de me narguer.

Là, il tente d'attirer l'attention de Jérôme. Regardez cet air orgueilleux, museau en l'air, cette démarche… Si seulement Jérôme pouvait utiliser son taille-haie pour lui caresser l'échine ! Non, je suis méchant.

Mais je pouffe quand même à cette idée, en effectuant un petit tour sur mon coussin. Ça le rend encore plus douillet. Je tourne le dos au jardin, lorsque j'entends un grand CRAC suivi d'un CROTTE ET ZUT et d'un MIAAAAOUU… Ensuite, le silence. Un silence de mort.

J'observe par la fenêtre.

Jérôme a laissé tomber le taille-haie à terre, et semble pétrifié de stupeur. Malo a disparu. Mon maître l'aurait-il vraiment coupé en deux d'un geste maladroit ? Mes désirs les plus tordus se seraient-ils réalisés ? Aurais-je des pouvoirs magiques ?! Si je désire un grand bol de lait tiède, se matérialisera-t-il soudain devant moi ? Je ferme les yeux en y pensant très fort. Pauvre Malo, tout de même…

Entre-temps, Sidonie est descendue de sa chambre. Elle me caresse tout en expliquant d'une petite voix malade :

– J'ai vu de là-haut ce qui s'est passé, Pitre. Ça risque de barder entre Mme Piolet, la voisine, et… nous.

Comment ça, *nous* ? Je n'y suis pour rien, moi, si Malo a été décapité par Jérôme. Je n'ai fait que le souhaiter un peu. Juste un tout petit peu. Ça ne compte pas. Et si ça se trouve, Malo n'en était pas encore à sa neuvième vie, et il est en train de ressusciter quelque part, donc aucun souci à se faire pour lui. Pas vrai ?

– Qu'est-ce qui t'arrive, mon Pitre ? Tu sembles tout agité. Ce n'est pas si grave, tu sais. Bon, c'est vrai, Mme Piolet y tenait comme à la prunelle de ses yeux. Il paraît que c'est son défunt mari qui l'avait ramené du Japon, ce qui le rendait très précieux pour elle.

Malo était japonais ?

– Mais après tout, papa n'en a coupé qu'une partie. Ça ne l'a pas tué, et ça va repousser.

Sidonie croit-elle *vraiment* que le corps de Malo va repousser ?

Elle se hausse sur la pointe des pieds pour mieux voir.

– Quand même, il en a coupé un gros morceau. Sûr que Mme Piolet va être très en col...

C'est à ce moment précis que nous entendons les hurlements de la voisine.

Jérôme semble se confondre en excuses. Mais la voisine continue à vociférer, et mon maître finit par monter le ton lui aussi. Il crie si fort que je l'entends à travers la vitre :

– Vous allez trop loin, madame ! Je suis prêt à m'excuser, mais pas à essuyer des insultes.

Puis il fait volte-face et se dirige vers la maison. Je suis atterré : Jérôme paraît n'éprouver aucun remords alors qu'il vient de couper en deux un anim... MIAAAAOOOUU !

– Mais Pitre ! s'exclame Sidonie, n'aie pas peur comme ça. Ce n'est que Malo qui a sauté sur le rebord de la fenêtre ! Ma parole, on dirait que tu as vu un fantôme.

Oui, un fantôme ! Je me faufile à nouveau sous le canapé, mort de trouille. Je ne comprends plus rien à ce qui se passe.

C'est alors que Jérôme claque la porte derrière lui, rouge de colère.

– Cette femme est d'une impolitesse ! fulmine-t-il. Ce n'est pas parce que j'ai coupé une branche de son érable japonais qu'elle a le droit de critiquer mes bégonias !

Érable japonais ? Branche ? Pff... Et moi qui croyais que Malo avait été taillé en pièces...

– Mais Papa, tu ne t'occupes jamais des bégonias.

– Et alors ! Ce n'est pas une raison pour les insulter. Sidonie, c'est moi qui te le dis : la guerre est déclarée !

Ma petite maîtresse secoue la tête, et Malo, de l'autre côté de la vitre, me regarde en se dressant sur ses pattes, dos rond, poils hérissés, et babines retroussées. En langage de chat, cette posture signifie : « je suis ton ennemi mortel ».

Je comprends soudain. La branche que Jérôme a coupée… c'était celle où Malo adorait faire sa sieste de l'après-midi !

Au moins, comme ça, Malo ne pourra plus me narguer en faisant sa toilette juste devant ma fenêtre, l'air de dire : « mes poils sont beaucoup plus beaux que les tiens, espèce de chat miteux ». Ah ! Ah ! Jérôme, je te félicite !

Je prends mon courage à deux pattes et j'inspire fort. Avec lenteur, j'arrondis le dos, hérisse mes poils, et retrousse mes babines… Oui, la guerre est déclarée.

2

SOURIDICULE !

Le lendemain, Jérôme fait la sieste sur sa chaise longue, dans la véranda, et moi sur mon coussin. Ah, quel moment idyllique ! J'en oublie tout à fait que je suis entré en guerre.

Mais un vrombissement infernal me le rappelle cruellement. Mon maître et moi effectuons chacun un bond d'au moins un mètre de haut. Je retombe sur mes pattes, et je vois clairement par la fenêtre, derrière la palissade, Mme Piolet emmitouflée dans sa doudoune, agitée par les soubresauts de sa tondeuse. Elle jette un regard vers Jérôme tout en affichant un petit sourire vicieux. Elle ne tond jamais sa pelouse durant l'hiver, d'habitude ! Malo, lui, est juché sur la clôture, à côté de l'érable. Il me toise avec un air à la fois furieux et vengeur. Brrr… J'ai envie de crier : ce n'est pas moi qui ai coupé cette branche !

Jérôme se précipite dans le jardin. Derrière la fenêtre, ramassé sur mon coussin, je ne perds pas une miette de la scène.

Mon maître ouvre le robinet du jardin et saisit le tuyau d'arrosage. Je le vois hésiter. Il a très envie d'asperger Mme Piolet pour se venger, c'est évident. Mais il doit se dire que ce serait une attaque trop directe. Son regard s'allume alors comme lorsqu'il croit avoir une idée géniale. Et il braque le tuyau… sur Malo ! Ce dernier bondit et se réceptionne par miracle sur le rebord de la palissade, dans laquelle il plante ses griffes. Ses poils trempés se plaquent contre sa maigre carcasse. Il crache, il siffle, il tremble, avant de basculer, et de glisser le long de la clôture, ses griffes imprimant une longue traînée dans le bois de la palissade. Je ne peux pas m'empêcher de ronronner d'allégresse en voyant Malo aussi piteux et aussi moche !

– Oh, désolé, je n'ai pas fait exprès, minaude Jérôme.

Mme Piolet pousse un cri indigné. Elle foudroie Jérôme du regard, avant de disparaître au fond de son jardin. Elle réapparaît au bout de quelques minutes avec son propre tuyau d'arrosage entre les mains et dirige le jet d'eau vers moi !

C'est une riposte inutile et ridicule, puisque je suis toujours à l'intérieur de la maison, protégé par la fenêtre. En regardant les gouttes couler sur la vitre, je me dis quand même que cela ne présage rien de bon. Ce que je vois ensuite, une fois la vitre sèche, dépasse tout ce que j'aurais pu imaginer : Mme Piolet tire la langue à mon maître alors qu'il lui tourne le dos, furieux.

Hélène rentre du zoo en fin de journée, après avoir été chercher Joan à l'école. Joan est un petit monstre de quatre ans, et aussi le petit frère de Sidonie. Lorsqu'elle apprend ce qui s'est passé durant son absence, Hélène est atterrée. Elle dit à Jérôme qu'elle ne comprend pas son comportement immature. Puis elle ajoute qu'elle ne se mêlera pas de ce conflit puéril et stupide. Jérôme ignore Hélène, l'air blessé. Dans les jours qui suivent, plus personne n'ose parler de la brouille avec la voisine. Pourtant, les choses ne s'arrangent pas…

Aujourd'hui, on est mercredi. Joan n'a pas école. Il regarde un dessin animé dans le salon, pendant que Sidonie, encore malade, dort dans son lit. Hélène est au travail. La voix aiguë de Joan se met à claironner :

– Papa, tu sais quoi ? Le mois prochain, la voisine va présenter son chat à un concours de beauté.

Jérôme bondit hors de la cuisine, un tablier noué autour des reins.

– Un concours de beauté pour chats ? Comment sais-tu ça, Joan ?

– Il y avait une affiche à l'école qui

disait quelque chose comme ça : « Venez soutenir le chat Malo, déjà roléa de nombreux prix ! » C'est la maîtresse qui nous l'a lue.

– Ce devait être lauréat, Joan, pas roléa, rectifie son père. Nombreux prix ? Je ne savais pas que Malo était une bête à concours.

Je l'ignorais aussi. Comment est-ce possible ? Un chat aussi stupide et prétentieux. Le monde ne sait pas reconnaître ses véritables héros.

– Si c'est Malo qui gagne, rigole Joan, la voisine va frimer un max !

Ça ne fait pas du tout s'esclaffer Jérôme. Et je suis glacé d'effroi quand je vois son regard se poser sur moi. Un regard inquiétant, plein de fièvre, alors que ce n'est même pas lui qui a la grippe…

– Regardez ! s'écrie Joan en désignant

la fenêtre. Mme Piolet nous montre encore une souris morte !

C'est une habitude toute neuve, qui date de la bataille d'eau de lundi dernier. Ce jour-là, Malo et moi sommes entrés officiellement dans la querelle des humains. En plus, quelques jours auparavant, Hélène et Mme Piolet avaient eu une discussion à propos des souris qui envahissent les garages du quartier. La voisine avait eu un petit air perfide en précisant que, grâce à Malo, elle n'avait pas ce problème, *elle*. Voilà pourquoi, chaque jour, la voisine se poste derrière la palissade, et balance un cadavre de souris par la queue, jusqu'à ce qu'on l'aperçoive. Un trophée du chat Malo ! Elle l'exhibe avec un sourire de trente mille dents. Quelle farce ! En quoi cela montre-t-il la supériorité de cet animal par rapport à moi ?

– Là ! s'écrie maintenant Joan.

Ce petit ne peut-il donc pas se tenir tranquille une seule seconde ? Il désigne cette fois une petite souris marron qui traverse le salon comme une flèche, pour se réfugier dans un trou du plancher, sous le meuble de la télévision. Je connais cette bestiole, je l'ai déjà vue à plusieurs reprises. Mais ?... Pourquoi Jérôme et Joan me jettent-ils ce regard sombre et sévère ? Croient-ils vraiment que je vais bondir après une créature si jeune et si rapide ? Que je vais me fatiguer pour leurs beaux yeux courroucés ? C'est absolument *souridicule*...

3

UNE FUGUE EN SI POUR CHAT

Dès le lendemain, Jérôme déclare :

– Nous allons présenter Pitre au concours de beauté pour chats.

Et puis quoi encore ?

Je me pose sur mon séant d'un air digne, en pensant : regardez-moi bien. Je suis bourré de talents. Mon intelligence n'est plus à démontrer. Je suis au top de ma forme. Mon poil brille sous les rayons du soleil plus que l'argenterie de la grand-mère de Jérôme.

Mon œil pétille de malice… Mais il faut bien reconnaître que… Aïe, ça me fait mal de l'admettre, mais… Malo est un chat à poils longs, si longs qu'on dirait qu'il porte un manteau. À chacun de ses pas, les pans de cet habit virevoltent avec souplesse et élégance. Et pour couronner le tout, ses yeux sont d'un bleu aussi pur que l'eau dans ma gamelle avant que j'y boive. Bref, il est plus beau que moi ! C'est la loterie de la nature, voilà tout !

Autant présenter Joan au concours de l'enfant le plus sage. Ou Hélène à celui de la mère la plus douée en cuisine. Sidonie à celui de la fille la moins grippée. Ou Jérôme à celui du père aux idées les plus géniales !

Je n'ai aucune chance de gagner contre Malo.

Et je déteste perdre !

Mais toute la famille s'emballe. Même Hélène, qui fait preuve d'ordinaire de bon sens et de sang-froid, s'exclame :

– Quelle excellente idée ! Je suis sûre que Pitre a ses chances... si on s'occupe sérieusement de lui.

Puis elle énumère ce qu'elle prévoit pour m'embellir. Cela ressemble à une série de tortures. Elle veut même me faire subir une séance de toilettage ! Comment vais-je réussir à échapper à tout ça ? Misère de misère...

La nuit est tombée. Hélène lit une histoire à Joan. Sidonie dort déjà, et moi, je déprime complètement. Jérôme met un disque dans la chaîne-hifi.

– Ah, la fugue en do de Jean-Sébastien Bach ! Quelle merveille ! s'exclame-t-il.

Il se jette sur son fauteuil, en pleine extase.

Pour ma part, je tourne et retourne de sombres pensées dans mon esprit animal pas si bête.

Une fugue… Et si je m'enfuyais de cette maison de fous ? Et si je goûtais enfin à la liberté ? À moi les nuits à la belle étoile ! Je pourrais choisir tout seul mes repas ! Ne plus être martyrisé par le monstre de quatre ans ! Je me vois déjà parmi les chats de gouttière. J'aurais plein de copains de mon espèce. Je ferais tout ce qui me chanterait. Je pêcherais mes repas dans les poubelles. Parfois, j'aurais un peu faim. Et froid. Et Sidonie ne serait plus là pour me faire des caresses. Les autres chats me chasseraient de leurs territoires. Les humains me chasseraient de leurs caves. J'aurais des puces qui me gratteraient partout. Je devrais sans cesse éviter les voitures qui roulent à toute allure. Et mon espérance de vie serait brusquement réduite à… quelques jours !

Je secoue la tête et me réveille de ce cauchemar. Je saute sur le ventre de Jérôme où je me love. Il sourit, me caresse, et je ronronne. Soudain, la séance de toilettage m'apparaît tout à fait supportable.

Le bonheur mérite bien quelques concessions, après tout…

4

AH, SE METTRE AU VERT…

Je reste digne. Je ne bouge pas. Je supporte tout. Je suis stoïque. Vous ne savez pas ce que ça veut dire ? C'est normal, moi non plus. Mais c'est un mot que vient d'utiliser Hélène en riant :

– Pitre est parfait, il est tellement stoïque… On voit qu'il prend sur lui. C'est incroyable !

Vous voyez ? Je suis parfait et stoïque. Et pourtant… Si vous saviez ce que me font subir Hélène et les enfants ! Ce soir, à peine rentrée à la maison, Hélène a décidé de tester sur moi des looks félins tous plus incroyables les uns que les autres. Cela fait déjà dix minutes que ça dure. Chaque fois, Joan me tend le miroir en s'esclaffant. Sidonie, de son côté, prend des photos pour les montrer plus tard à son père qui a repris le travail aujourd'hui. Ma petite maîtresse est enfin guérie. Elle a retrouvé des couleurs, et le chemin de l'école. J'aime qu'elle s'occupe à nouveau de moi : ses caresses me manquaient. Mais je me serais bien passé de ses coups de brosse !

Et j'ai beaucoup de mal à supporter ce que je vois dans le miroir. D'abord, Sidonie a utilisé une dizaine de ses chouchous de couleur pour me faire des mini-couettes sur tout le corps. Mais Hélène a déclaré que c'était beaucoup trop vulgaire, et elle a tout enlevé en s'exclamant :

– Le plus important, c'est que Pitre soit propre jusqu'au bout des griffes !

Elle entreprend maintenant de me nettoyer les yeux avec une lingette parfumée. Puis elle s'attaque à mes oreilles. Aïe ! Quel calvaire !

– Bouh, y'en avait besoin ! glapit Joan.

Décidément, on ne m'épargne aucune humiliation. Mais le pire est à venir. Hélène empoigne une paire de ciseaux avant de saisir l'une de mes pattes. Mes griffes chéries ! Le symbole de ma félinité ! Alors là, pas question. J'ouvre la gueule pour montrer mes dents, et je saute un mètre plus loin, le poil hérissé, en posture de défense.

– Je crois que, là, on est allés trop loin, constate Sidonie.

– D'accord, d'accord, pas les griffes, capitule Hélène. Allez, Pitre, reviens.

À force de mots doux et de caresses, Hélène réussit à m'amadouer. Joan lustre maintenant mes poils avec une brosse dure qui me fouette le sang. Il tente ensuite de me faire porter un bonnet ridicule, ainsi qu'un manteau assorti.

– D'où sors-tu ça ? demande sa mère.

– C'était à une poupée de Sidonie !

Grands dieux félins !

– Voyons, Joan… On ne va pas déguiser notre Pitre.

Merci. Enfin une remarque raisonnable.

– Oh, j'oubliais ! J'ai trouvé des produits très originaux à l'animalerie ! Attendez une seconde…

Hélène farfouille dans un sac et en sort une boîte en carton. Elle nous rejoint et raconte, enthousiaste :

– C'est fou tout ce qu'il y avait dans ce magasin pour prendre soin de son animal ! J'ai même vu du vernis pour griffes de chat, vous imaginez ? Mais je ne suis quand même pas allée jusqu'à acheter ça.

Sidonie soupire de déception :

– Oooooh…

Quant à moi, je soupire de soulagement.

– J'ai trouvé beaucoup mieux, poursuit Hélène, de plus en plus excitée. Regardez : de la teinture pour poils de chat ! C'est très à la mode, m'a dit le vendeur. Et c'est drôle, non ? Ce serait un bon moyen d'attirer l'attention des membres du jury au concours de beauté !

Je manque de tomber dans les pommes.

– J'ai beaucoup hésité, et finalement… j'ai choisi la couleur de l'espoir : le vert !

On n'a qu'à faire un essai avant le concours, qu'est-ce que vous en dites ?

– Oh oui, oh oui !

Sidonie frappe des mains. Joan est mort de rire. Son cerveau minuscule ne parvient qu'à répéter en boucle :

– Pitre en vert ! Pitre en vert !

Vert de rage, oui ! Hélène avance les mains pour m'attraper, mais cette fois, c'en est vraiment trop. Je pousse un miaulement de terreur et crache et siffle, avant de filer à toute allure vers la chatière. Je ne vois pas d'autre solution pour me soustraire à la folie de mes maîtres. Mon cauchemar va-t-il se réaliser ? Vais-je devoir vivre dans la rue ? Que vais-je devenir ? Comme il fait froid dans ce jardin ! En plus, il pleut ! Brrr…

La porte s'ouvre. Je me cache derrière les pots de bégonias.

– Allons, Pitre, reviens, il pleut des cordes ! Ça va, on a compris que tu ne voulais pas de teinture…

Hélène fait tinter ma gamelle sur le perron. La délicieuse odeur de mon plat préféré me chatouille les narines. Des sardines ! Impossible de résister à ça.

Une fois la porte refermée, je savoure ce mets divin, au sec. Hélène, Joan et Sidonie me regardent tendrement. Ils ont compris leur erreur. On ne peut tout de même pas faire n'importe quoi avec moi ! Hélène dit alors :

– Profites-en bien, mon Pitre, parce que, après ce repas, fini les sardines ! J'ai acheté des croquettes spéciales pour chat un peu trop… grassouillet. Tu n'en auras que deux rations par jour. C'est qu'il faut avoir la ligne pour se présenter à un concours de beauté.

Je ne suis plus sous la pluie, pourtant mon échine se glace.

CHAT NET
KADOR
NEW
GOMMAG
DRAINANT POUR CH

5

DÉJÀ LA CHUTE DE L'HISTOIRE ?

Quatre jours sont passés. Quatre longues journées pendant lesquelles j'ai été soumis à un régime alimentaire parfaitement scandaleux. Seulement deux repas par jour, et des croquettes sans aucun goût ! En plus, durant le week-end, Jérôme n'a pas cessé de parler de ce satané concours. J'en ai les oreilles rebattues.

Aujourd'hui, on est mardi. Une fois rentré à la maison, mon maître se poste devant moi, mains sur les hanches. Et il marmonne :

– Seul un professionnel pourrait faire quelque chose de toi…

Affaibli par le manque de nourriture, je ne peux pas me défendre. Je ne parviens même pas à me débattre quand Jérôme me fourre dans la caisse destinée à mon transport en voiture. Pourtant, je déteste ça ! Qui aimerait se trouver enfermé dans une boîte minuscule, où l'on peut à peine bouger ? Quand j'étais chaton, j'en miaulais à fendre l'âme ! Me voilà ballotté par les soubresauts de la voiture, et projeté contre les parois de la caisse, sans rien connaître de ma destination.

Après un trajet pénible et beaucoup trop long à mon goût, on me libère dans une pièce qui a tout du cabinet de vétérinaire : néons, table d'examen, chariot portant des ustensiles inquiétants... Brrr ! Je suis assailli par des souvenirs d'aiguilles immenses. Je miaule de terreur. Puis je m'aperçois que la dame qui tente de me rassurer n'est pas celle qui me fait les vaccins d'habitude. Et, à bien y regarder, ce n'est pas le même endroit. Les odeurs sont plus sucrées ici. Les murs ne sont pas blancs, mais beiges et carrelés comme dans une salle de bains. Des flacons et des tubes de toutes les couleurs sont alignés sur des étagères, à côté de bibelots représentant des chats ou des chiens. Un énorme sèche-cheveux est posé sur un tabouret. Mais ce qui me surprend le plus, c'est la présence d'une baignoire au milieu de la pièce. Moi qui tremble à la vue de la moindre petite flaque de pluie... Cette baignoire doit pouvoir contenir des litres et des litres d'eau !

– Revenez dans une grosse demi-heure, Monsieur, dit la dame à Jérôme. Je m'occupe de lui.

– D'accord, je vais faire quelques courses en attendant. À tout à l'heure, mon Pitre.

Pitié, Jérôme, ne m'abandonne pas ! Je n'ai pas du tout confiance en cette femme. Regarde : elle a verni ses ongles de trois couleurs différentes et ses cheveux sont… bleus. Qui sait de quoi elle est capable ?

Mais Jérôme m'abandonne. La dame me saisit avec délicatesse. Je suis sûr que cela cache quelque chose… Mes doutes s'accentuent lorsque miss Cruella appelle du renfort.

– Cynthia, viens m'aider. J'ai le sentiment que celui-là ne va pas se laisser faire.

Les battements de mon cœur redoublent. Je ne vais pas me laisser faire pour quoi, au juste ? Les deux femmes m'empoignent et, malgré ma résistance, réussissent à m'enfermer dans un drôle de filet en tissu. Je vois au travers, mais je ne peux même pas griffer mes nouvelles tortionnaires ! Pourtant, j'essaie, croyez-moi.

– Quel tigre ! s'écrie Cruella.

Je me débats comme un beau diable. Cela n'empêche pas les deux femmes de me porter et je vois la baignoire s'approcher inexorablement. LA BAIGNOIRE. Mes pires craintes deviennent réalité. Pendant que Cynthia me maintient dans la cuvette, Cruella brandit le pommeau de la douche et, soudain, l'eau gicle.

Je pousse le miaulement le plus déchirant que j'ai jamais poussé de toute ma vie.

Jérôme vient me chercher une demiheure plus tard. Il s'exclame :

– Pitre, tu es magnifique ! Jamais je n'aurais imaginé que tu puisses être aussi beau.

Merci. Je te revaudrai ça.

– Oh, vous en avez profité pour aller chez le coiffeur, remarque Cruella. Quelle bonne idée : le maître et le chat tous deux toilettés !

– Heu, pour un humain, on ne dit pas…

– Je plaisantais !

La dame aux ongles multicolores s'esclaffe. Jérôme et moi lui lançons un tel regard qu'elle s'arrête net.

– Ça fera cinquante euros, lâche-t-elle.

– Tu es superbe ! répète Jérôme dans la voiture. Elle t'a fait une coupe très sobre, très élégante, et ton poil n'a jamais autant brillé.

Dans le miroir de l'institut, je me suis

pourtant trouvé ridicule. Après ce que Cruella a appelé un *brushing*, j'avais l'air d'une barbe à papa. Mais elle ne m'a coupé que très peu de poils puisqu'ils étaient déjà courts, ce qui fait que, à mon avis, dès demain on ne verra plus aucune trace de toutes ces tortures. Jérôme s'est ruiné pour rien. Et moi, j'ai souffert pour rien !

– Tu vas gagner le concours de beauté, Pitre, je te le dis, poursuit Jérôme. Et on ne va pas se priver de te montrer tout de suite à la voisine pour la faire enrager !

Le problème avec mon maître, c'est qu'il n'oublie jamais ses mauvaises idées. Par exemple, hier, il a collé une affiche sur le portail de la voisine. Sous une photo de moi, il y est écrit que je suis le plus beau chat du quartier et que j'allais gagner le concours de beauté. Quelle blague !

Dès que nous arrivons dans le jardin

de la maison, Jérôme ouvre ma caisse de transport, me prend dans ses bras et me dépose sur la palissade.

– Marche, Pitre. Avec grâce et distinction. Comme ça. Fais comme moi.

Jérôme hausse le menton, ferme les yeux presque complètement, et avance avec raideur.

– Ils nous voient, là ? Oui, ils nous regardent.

La voisine et son horrible chat ? Mais oui, ils nous observent de leur véranda, les yeux écarquillés.

– Ne t'arrête pas, Pitre, tu es superbe. Ils vont être fous de jalousie !

Je n'en suis pas si sûr, mais je continue à marcher le nez au ciel, paupières baissées pour paraître digne, jusqu'à ce que…

MIIIIAAAOUOU !

– AÏEUEUEUH !

Dans un bel ensemble, Jérôme trébuche sur une pierre et moi sur une planche plus haute que les autres. Quelle chute ! Nous nous étalons de tout notre long. Pour vous donner une idée de notre état, rappelez-vous : il pleuvait, ces derniers jours. Nous voici pataugeant dans la boue. Je ferme à nouveau les yeux. Mais ce n'est plus pour avoir l'air raffiné. C'est par crainte de voir Mme Piolet et le chat Malo rappliquer pour se moquer de nous.

– Faut tout recommencer, Pitre, bredouille Jérôme en faisant des bulles dans la boue. Tu ressembles maintenant à un chat de gouttière…

127
128

6
JOUR J POUR CHATS GAGAS

Le jour J est arrivé.

Nous sommes samedi, jour du concours. Après avoir hésité entre bien des looks, Hélène a finalement tranché. Pas de chouchou. Pas de ruban. Pas de teinture. Pas de brushing. Aucun falbala ou autre colifichet. J'ai juste dû subir une nouvelle douche après mon petit bain de boue de la dernière fois.

– Misons sur la simplicité, a déclaré Hélène. Après tout, notre Pitre a toujours eu un charme fou au naturel, il rayonne de l'intérieur !

Ouf. Et dire que j'ai subi deux séances de toilettage pour des prunes ! C'est malin.

En tout cas, nous y voici. Ce ne sera certainement pas une partie de plaisir, mais qu'on en finisse ! Ensuite, la famille me laissera tranquille. Nous venons d'entrer dans la salle des fêtes immense. Ce qui s'offre à mes yeux, derrière le grillage de ma caisse de transport, est absolument effrayant. Sur de longues, très longues tables sont disposées des sortes de grandes cages. Il y en a bien une centaine, et dans chacune se trouve un chat. La plupart semblent très paisibles. Ils doivent être habitués à ce genre d'événements. Ah, j'aperçois Mme Piolet, et Malo à ses côtés. Ce dernier a l'air très fier. Ne se rend-il pas compte qu'il se trouve dans une prison ? Il retrousse les babines en me voyant. Sale chat !

Mais, nom d'une sardine, il me faut bien reconnaître qu'il est resplendissant. Ses poils longs accrochent les rayons du soleil qui passent par les hautes fenêtres. Son museau délicat ne semble pouvoir goûter que les mets les plus fins. Et toutes les cages sont occupées par des chats aussi beaux que Malo. Je n'ai aucune chance de gagner ce concours. Je vais me ridiculiser.

– Allons, Pitre, me murmure Jérôme à l'oreille, sois courageux. Il va falloir que tu restes sagement dans ta cage en attendant le jury. Alors, le numéro de la tienne est le 163… C'est là.

Toute la famille m'accompagne. J'entre docilement dans ma prison dorée.

Le brouhaha est immense. Les humains paraissent beaucoup plus énervés que les animaux. Ils parlent fort, s'agitent. Le maître du chat persan d'à côté engage la conversation avec Hélène :

– Combien de prix a gagné le vôtre ?

– Heu… C'est le premier concours auquel nous participons.

– Ah, vous me rassurez !

– Pourquoi ça ?

– Je ne comprends pas les propriétaires qui s'acharnent à présenter leur paillasson de chat de concours en concours… Mais vous, vous avez l'air intelligente. Je suis sûr que ce ne sera pas votre cas, et que vous passerez très vite à autre chose.

À ces mots, il part d'un rire aussi énorme que sa bedaine. Je reconnais le regard d'Hélène, le *regard-qui-tue* et sa voix a soudain quelque chose de métallique :

– Qu'est-ce qui vous fait croire que l'on va perdre ?

L'homme s'arrête brusquement de rire et paraît tout confus.

– Enfin, madame… Il suffit de… je ne sais pas… Regardez mon chat Marquise et… Voyons… Regardez le vôtre… Une évidence… Je veux dire…

Au même moment, Joan passe sa main entre les grilles de la cage de Marquise, prêt à lui tirer la queue. Mais Marquise sort ses griffes étincelantes, et les abat sur la menotte de l'affreux Jojo. Il pousse un hurlement qui provoque un silence effaré dans toute la salle des fêtes. Puis il crie :

– C'EST LE CHAT AU NEZ APLATI QUI M'A GRIFFÉ !!!

– Chut, chut, enfin chut ! bredouille le gros homme. Le jury n'est pas loin !

Il nous regarde ! Misère, nous sommes perdus, Marquise.

– Vous n'allez pas pleurer, tout de même ? s'inquiète Jérôme.

– Rassurez-vous, rétorque Hélène en câlinant son fils pour le réconforter, vous passerez très vite à autre chose.

– Vous êtes… Vous êtes…

– Adorable ! s'exclame Sidonie en admiration devant le chat d'en face. Regarde, Maman, ce chat porte de super jolies barrettes !

– Sidonie, viens là, gronde Hélène. Et calme-toi, le jury approche.

Deux hommes et une femme, raides comme des piquets, passent de cage en cage. Par moments, ils daignent faire un compliment. La plupart du temps, ils se contentent de prendre des notes dans un calepin, sans un sourire.

– Ce n'est que la première épreuve, explique Jérôme à toute la famille. Pour le moment, ils ne jugent que l'apparence des candidats. Après, il y aura une seconde épreuve qui… Ah ! C'est au tour de Malo. Crotte et zut, les jurés ont l'air réjouis. On dirait qu'ils se trouvent devant la huitième merveille du monde !

– Mme Piolet est aux anges, remarque Hélène.

Elle caresse la joue de Jérôme pour le consoler, puis baisse les yeux sur leur fille.

– Mais Sidonie, murmure Hélène… Tu n'avais pas cette barrette-là en partant de la maison !

– Ah non ? minaude Sidonie. Tu n'as certainement pas fait attention…

– Maman, gémit Jojo le monstre, ça me brûle la main, là où le sale chat m'a griffé.

– Qui ose traiter Marquise de sale chat ?

Le gros homme d'à côté se redresse et croit gonfler son torse alors qu'il ne réussit qu'à mettre son ventre en valeur.

– Tout ça est ridicule, soupire Hélène.

– Chut, ils arrivent, marmonne Jérôme.

C'est enfin mon tour. Les trois jurés me détaillent sans un mot, puis ils s'en vont.

– C'est tout ? murmure Hélène.

– Ne t'inquiète pas, lui répond Jérôme. ce n'est pas fini.

C'est justement ce qui m'inquiète, moi ! Soudain, un chat se met à miauler très fort, dans une cage proche. Chacun de nous tourne son regard vers Joan. Son sourire éclatant ne fait aucun doute sur sa culpabilité : il a encore tiré sur une queue qui dépassait ! Jérôme fond sur lui pour le gronder, Hélène enfouit son visage entre ses mains, Sidonie caresse sa nouvelle barrette en souriant, et moi je frémis : ne sommes-nous pas tous en train de devenir gagas ?

7

DANSONS LE CHAT CHAT CHAT !

L'heure de la seconde épreuve est arrivée.

– Pendant que chaque chat marche d'un bout à l'autre de la scène, explique Jérôme, le jury note sa grâce et sa personnalité.

– La personnalité ? s'étonne Hélène. Un chat a une personnalité ?

Je miaule, révolté par sa question. Elle soupire :

– Pardon, Pitre, c'est vrai que tu as un

sacré caractère... Oh, Jérôme, qu'est-ce qu'on fait là ?

ENFIN ! Il était temps qu'elle comprenne qu'on devrait être n'importe où, sauf ici !

Mais il est trop tard pour faire marche arrière. On regarde maintenant mes congénères passer sur scène l'un après l'autre, sur une mélodie entraînante. Chacun a l'air de se prendre pour le roi des chats. Mes soi-disant rivaux paradent comme s'ils portaient une couronne sur la tête. Ils lèvent haut la patte et avancent lentement en suivant une ligne imaginaire. C'est grotesque... Le tour de Malo arrive. Mme Piolet est presque couchée sur les marches, dans les coulisses, bras tendus pour accueillir son chat chéri qui a été libéré de l'autre côté de la scène.

Malo en fait des tonnes. À chaque pas,

il remue son croupion et tourne la tête d'un côté puis de l'autre. On dirait qu'il a avalé une girouette. Pourtant, tout le monde s'extasie. Des « oh ! » et des « ah ! » s'élèvent dans le public.

– Ah ! Oh ! Mais chut, à la fin ! s'énerve Jérôme. Je n'arrive pas à écouter…

– Écouter quoi ? demande Hélène.

– La musique ! J'adore ce groupe.

– C'est Lady Gaga, Papa, et tu ne supportes pas d'habitude.

– Sidonie, va faire tes devoirs !

– Mais Papa, on n'est pas à la maison !

Jérôme croise les bras, visiblement furieux. Mme Piolet accueille son précieux Malo. Elle nous lance un regard triomphant. Malo fait de même. Mais moi, je ne fulmine pas, contrairement à mon maître. Je n'ai qu'une envie : retrouver mon coussin moelleux !

Mon numéro est appelé. Je frémis.

Jérôme se rend du côté de la scène opposé à celui où se trouve le reste de la famille. Il ouvre la caisse dans laquelle j'étais enfermé et m'encourage à avancer. Je me retrouve seul, à l'extrémité de la scène, tous les regards braqués sur moi. La musique continue, mais j'ai l'impression d'être dans un immense désert très silencieux. Gloups. Je décide de traverser à toute vitesse. Mais au troisième pas, j'ai le malheur de tourner la tête vers le public.

Qui a dit que les chats n'avaient pas le trac ? Eh bien, c'est faux ! Les chats *ont* le trac ! Devant tous ces yeux humains et félins qui m'observent, je suis paralysé. Je ne peux plus faire un seul pas. La musique censée accompagner mon défilé se poursuit, joyeuse, sans moi.

Un murmure désapprobateur roule dans la salle. Le regard des membres du jury se durcit. J'ai l'impression qu'une éternité s'écoule…

Hélène et Jérôme se mettent alors à se parler d'un côté de la scène à l'autre.

– Pitre est pétrifié ! lance Hélène.

– Je ne le savais pas si sensible ! répond Jérôme en criant pour se faire entendre.

– Tu sous-estimes ce chat !

– Il faut l'aider ! s'écrie Sidonie.

– Je peux le tirer par la queue pour qu'il avance, propose Joan.

– T'es fou !

Sidonie lui donne un coup de poing dans le bras, ce qui le fait geindre.

– J'ai une meilleure idée, déclare Hélène. Suivez-moi !

– Où ça ? demande Jérôme.

– Faites-moi confiance !

Hélène s'élance sur la scène. Des cris de protestation s'élèvent du public. Hélène s'en fiche, et me prend dans ses bras. Encore plus incroyable : elle se met à danser !

– J'ai compris ! s'exclame Sidonie.

À son tour, ma petite maîtresse me rejoint. Elle me prend une patte, et fait mine de danser le rock avec moi. Puis c'est Joan qui, fidèle à son idée, m'attrape la queue, mais sans violence, et la balance en rythme avec la musique. Et enfin, Jérôme… Il me prend des bras d'Hélène et commence à virevolter comme s'il valsait. Puis il rit, il rit, il rit !

– Descendez, descendez !

C'est la panique. Des cris d'indignation fusent de toutes parts. Le public paraît scandalisé. Les chats, subitement énervés par ce remue-ménage, miaulent comme si on les avait tous jetés d'un seul coup dans un grand lac. Les membres du jury se lèvent si brusquement que leurs chaises tombent à la renverse. Puis ils appellent les vigiles qui se précipitent vers nous avant de nous jeter dehors sans ménagement… sous le flash d'appareils photo.

Nunuche pour toutes

8

MOI, CHAT BEAUTÉ

C'est dimanche. Tout le monde à la maison en profite pour se reposer et tenter d'oublier la journée d'hier, haute en couleur ! Je me prélasse sur mon coussin adoré. Les enfants sont plongés dans des bandes dessinées et Jérôme lit un roman. Hélène se jette avec un grand soupir sur le canapé. Elle ouvre le journal et le parcourt des yeux. Soudain, elle se redresse.

– Ça alors ! C'est incroyable ! Jérôme,

viens voir ! Joan, Sidonie, venez aussi. Et… Pitre, bien sûr. Viens, mon chat.

– Que se passe-t-il ? demande Jérôme en posant son livre sur ses genoux.

– Là ! Un article sur le concours de beauté d'hier !

Oh non. Ne me dites pas qu'ils parlent de mon fiasco dans le journal ! Mais Hélène n'a pas l'air du tout catastrophée…

– C'est vrai, s'écrie Sidonie. Il y a même des photos. Oh…

– Quoi, quoi ? s'impatiente Joan, je ne sais pas lire, moi !

Hélène lit à haute voix :

La beauté d'un chat droit dans ses bottes !

Comme chaque année, le journal a couvert le concours de beauté pour chats de la ville.

Et comme chaque année, nous voulons rendre hommage aux organisateurs et aux maîtres des animaux pour leurs efforts. Grâce à eux, nous avons pu admirer les plus beaux chats du pays. Nous sommes fiers de vous présenter le grand vainqueur, Malo ! Toutes ses qualités sont décrites dans l'encadré ci-contre.

Mais il nous semble qu'un autre chat mérite la vedette. En plein milieu de sa prestation, cet animal s'est immobilisé sur scène, durant plusieurs longues secondes. Une vraie statue. Pitre, puisque c'est son nom, a révélé ainsi sous nos yeux ébahis que les chats pouvaient connaître le trac ! Nous avons été très touchés par la sensibilité exceptionnelle de cet animal. Et nous proposons aux organisateurs de réfléchir à un nouveau prix pour l'an prochain : celui du chat au charme le plus singulier. En attendant toute l'équipe du journal a décidé de décerner à Pitre ce prix qui n'existe pas encore. Cher Pitre, nous te décernons le prix du Chat Beauté !

Chat alors…

Sur les genoux d'Hélène, je jette un coup d'œil sur l'article. La plus grande photo représente Malo, fier comme un prince. Et la seconde me représente moi, dans un flou très artistique… La photo a été prise pile au moment où on me jetait dehors. En plein vol, les quatre pattes écartées, toutes griffes dehors, et la gueule grande ouverte, on perçoit mal mon charme singulier. Chat beauté, tu parles ! Chat botté dehors par de grands coups de pied aux fesses, oui !

Quoi qu'il en soit, toute la famille n'en revient pas. Chacun me félicite, me caresse, me cajole.

– Notre chat Pitre est exceptionnel ! s'écrie Hélène.

– Je l'ai toujours su, répond Jérôme en me serrant contre lui.

Joan et Sidonie, quant à eux, n'arrêtent pas de m'appeler Beauté au lieu de Pitre. Ça finira peut-être par m'énerver, mais pour l'instant, je les laisse faire. Ce n'est pas si désagréable d'être comparé au Chat Botté, même si ça ne s'écrit pas pareil. Il a toujours été mon héros. Il a bercé mes rêves de chaton. Ah, comme la vie est belle, soudain !

Dans le quartier, tout le monde a lu l'article. Même Mme Piolet nous a rendu visite pour en parler. Et elle était encore là quand des journalistes munis d'une caméra de la télévision régionale sont venus pour en savoir plus sur moi.

– Les chats sont des êtres exceptionnels, a-t-elle réussi à placer devant le journaliste en désignant ostensiblement son chat Malo.

Au final, on est tous les deux passés à la télévision, Malo et moi, et on s'est réconciliés comme ça. Malo méritait cette minute médiatique puisqu'il a obtenu le premier prix du concours de beauté. C'était prévisible, et je ne suis pas jaloux. Cette vie de bête à concours n'est pas du tout enviable. Et puis c'est comme ça : Malo est le plus beau, et moi le plus singulier, chacun son truc ! Quant à Jérôme, il a offert un nouvel arbre à la voisine. À vrai dire, ce n'est pas un arbre véritable. C'est un arbre à chat en bois, avec plusieurs étages, où Malo peut se reposer en toute quiétude.

Le calme est revenu dans ma vie.

Malo se prélasse sur son arbre à chat. Jérôme dort sous la véranda. Mme Piolet bichonne ses pétunias. Hélène lit un livre dans le salon pendant que Joan dessine et que Sidonie fait un puzzle. Et moi, dans la cuisine, j'engloutis de belles sardines bien grasses après une sieste divine. Vous imaginez une plus belle description du bonheur, vous ? Moi, pas.

Miaaaaaooou.

TABLE DES MATIÈRES

Florence Hinckel

À l'époque où j'ai écrit *Le chat Pitre*, ma fille me réclamait un chat. J'espérais alors que le personnage grognon et susceptible de Pitre lui ferait passer cette envie. Malheureusement, c'est le contraire qui s'est produit ! Je me suis attachée à Pitre… et j'ai fini par accepter que nous adoptions un chat ! Ainsi, un jour de début juillet, une petite boule de poils a atterri chez nous. Comme vous pouvez l'imaginer, mon fils et ma fille ont sauté de joie. Et moi, j'ai dû apprendre à m'occuper d'un chaton, et renoncer à mes plantes en pot !

Ce chaton n'a pas été nommé Pitre, mais Filou. Lorsque j'ai commencé à écrire *Le chat Beauté*, il n'était encore qu'un bébé. Il a grandi en même temps que cette histoire, et il est adulte maintenant. Filou fait aujourd'hui partie de la famille. Une famille qui ressemble de plus en plus à celle de Sidonie et Joan ! D'ailleurs, c'est en voyant Filou avec un chouchou autour d'une oreille (et mes enfants pouffant de rire) que j'ai eu l'idée du chat Beauté. Mais je vous promets que nous n'allons pas l'inscrire à un concours de beauté !

Joëlle Passeron

Les chats me rendent zinzin. Enfin, les miens.

Pourtant j'y tiens, et pas qu'un peu. Alors quand notre chat Julie (si, ici le chat de la famille s'appelle Julie) a disparu, ça a été le drâââme. Mes filles ont pleuré, puis pleuré encore. Mais Julie n'avait pas dit son dernier miaounk. Elle a juste passé trois longues semaines dans les égouts de la ville. Alors quand, enfin, on l'a retrouvée (vive les gens qui aiment les chats), on l'a câlinée, caressée et… douchée. Deux fois.

Elle a a-do-ré.

Mais pourquoi, oui, pourquoi, a-t-elle disparu au moment pile où j'illustre un livre dont le héros est… un chat ?

Hum ?

Oui, les chats me rendent zinzin !

MIXTE
Papier issu de sources responsables
FSC® C022030

N° éditeur : 10234184 – Dépôt légal : janvier 2013
N° d'imprimeur : 2516972R

Imprimé en France en mars 2017 - JOUVE,
1, rue du Docteur Sauvé 53100 Mayenne